BEI GRIN MACHT SICH IHR WISSEN BEZAHLT

Veronika Zilker

Aus der Reihe: e-fellows.net stipendiaten-wissen

e-fellows.net (Hrsg.)

Band 141

Experimentell induzierte Störungen der Aufmerksamkeit - Inattentional Blindness

GRIN Verlag

Bibliografische Information der Deutschen Nationalbibliothek:

Die Deutsche Bibliothek verzeichnet diese Publikation in der Deutschen National-
bibliografie; detaillierte bibliografische Daten sind im Internet über http://dnb.d-
nb.de/ abrufbar.

Impressum:

Copyright © 2010 GRIN Verlag, Open Publishing GmbH
Druck und Bindung: Books on Demand GmbH, Norderstedt Germany
ISBN: 978-3-640-96791-9

Dieses Buch bei GRIN:

http://www.grin.com/de/e-book/175683/experimentell-induzierte-stoerungen-der-
aufmerksamkeit-inattentional

GRIN - Your knowledge has value

Der GRIN Verlag publiziert seit 1998 wissenschaftliche Arbeiten von Studenten, Hochschullehrern und anderen Akademikern als eBook und gedrucktes Buch. Die Verlagswebsite www.grin.com ist die ideale Plattform zur Veröffentlichung von Hausarbeiten, Abschlussarbeiten, wissenschaftlichen Aufsätzen, Dissertationen und Fachbüchern.

Besuchen Sie uns im Internet:

http://www.grin.com/

http://www.facebook.com/grincom

http://www.twitter.com/grin_com

Freie Universität Berlin

Wintersemester 2010/2011

Psychologie (Bachelor of Science)

Experimentell induzierte Störungen der Aufmerksamkeit – Inattentional Blindness

Referat vom 30. 11. 2010

Biopsychologie

Seminar Aufmerksamkeit und Emotion (12611)

Veronika Zilker

Inhaltsverzeichnis

1   Einleitung

Tagtäglich ist der Mensch einer wahren Flut sensorischer Reize ausgesetzt, die der Wahrnehmung[1] zugänglich sind und für eine enorme Reichhaltigkeit der sinnlichen Erfahrungswelt sorgen. Angesichts dieses riesigen Spektrums von Stimuli, die bewusst wahrgenommen werden, neigen Personen nicht selten zur Überschätzung der Verlässlichkeit ihrer eigenen Sinne, indem sie wie selbstverständlich davon ausgehen, dass sämtliche potentiell wahrnehmbaren Stimuli der Umgebung auch bewusst wahrgenommen und erinnert werden. Jedoch wird die visuelle Wahrnehmung beispielsweise durch Aufmerksamkeitsprozesse derart beschränkt, dass aus der Fülle wahrnehmbarer Reize nur einige wenige ins Bewusstsein vordringen. Verschiedene Studien zeigen, dass grundsätzlich gut sichtbare visuelle Charakteristika der Umgebung bisweilen nicht bewusst wahrgenommen werden und führen dies zumeist auf einen Mangel an Aufmerksamkeit zurück, etwa in Augenblicken starker Konzentration auf andere Aspekte (Mack & Rock, 1998, Simons & Chabris, 1999) . Diese Blindheit durch Unaufmerksamkeit („inattentional blindness"), die Myers (2008, S. 260) als „Unfähigkeit, sichtbare Objekte zu sehen, wenn sich unsere Aufmerksamkeit auf andere Dinge richtet" definiert, ist eine Form „kognitiver Blindheit" (Simons & Chabris, 1999, S. 1059) deren Bedingungen und Eigenheiten durch unterschiedliche experimentelle Ansätze erforscht wurden. Allgemeine notwendige Charakteristika experimenteller Stimulationen des Phänomens, einige Studien zum Thema, die jeweiligen Rückschlüsse auf die Rolle der Aufmerksamkeit für die Perzeption und auf Faktoren, die die Unaufmerksamkeitsblindheit beeinflussen, eine kritische Alternativtheorie sowie der angenommene funktionellen Sinn des Phänomens werden im Folgenden erläutert.

2   Anforderungen an Untersuchungen zur Blindheit durch Unaufmerksamkeit

Experimentelle Methoden, mit denen die Unaufmerksamkeitsblindheit untersucht werden soll, stehen zunächst vor der Herausforderung, bestimmte visuelle Reize zu präsentieren und gleichzeitig zu verhindern, dass die Versuchspersonen[2] ihre Aufmerksamkeit aktiv auf diese richten. Um dies zu gewährleisten wird den VPs typischerweise eine Aufgabe gestellt, bei der bestimmte visuelle Reize überwacht werden sollen, die somit die Aufmerksamkeit der VPs möglichst vollständig in Anspruch nehmen. Während dieser Aufgabe werden zusätzlich unerwartete visuelle Reize im Sichtfeld präsentiert. Anhand des Berichts der Personen, ob diese Stimuli bemerkt wurden, wird untersucht, ob Unaufmerksamkeitsblindheit vorliegt und welche Bedingungen dazu beitragen (Mack & Rock, 1998; Simons & Chabris, 1999). Da eine Erwartungshaltung der Versuchspersonen bezüglich der kritischen, unerwarteten Reize die Aufmerksamkeit von der Überwachungsaufgabe ablenken und eine Motivation, diese Stimuli

---

[1] Die Begriffe (bewusste) Wahrnehmung und Perzeption werden in diesem Text bedeutungsgleich verwendet.
[2] Im weiteren Verlauf des Textes wird die Abkürzung „VPs" gebraucht.

zu verarbeiten, hervorrufen könnte, sind die experimentellen Bedingungen intransparent zu gestalten, d.h. die Personen werden nicht durch vorherige Anweisungen auf das mögliche Auftreten der zusätzlichen Reize vorbereitet, so Mack & Rock (1998).

3 Darstellung einer Auswahl von Studien

Die hierin behandelte experimentell stimulierte Aufmerksamkeitsstörung wurde anhand verschiedener Studien erforscht. Im Folgenden werden zwei dieser Ansätze erläutert und deren Ergebnisse zueinander in Bezug gesetzt.

3.1 Unaufmerksamkeitsblindheit bei wenig komplexen Reizen

Arien Mack und Irvin Rock führten 1998 eine Studie zur Beziehung von Aufmerksamkeit und Perzeption[3] durch, die zunächst auf die Frage ausgerichtet war, ob der Prozess der Perzeption automatisiert präattentiv stattfindet, oder ob er stattdessen Aufmerksamkeitsressourcen fordert. Vorhergegangene Forschung zu diesem Thema kritisierten die Autoren aufgrund methodischer Schwächen (Mack & Rock, 1998). Im Verlauf dieser Untersuchung verlagerte sich der Fokus des Interesses jedoch hin auf die gezielte Erforschung Blindheit durch Unaufmerksamkeit.

3.1.1 Aufbau der Studie von Mack & Rock 1998

Die Untersuchung arbeitete mit wenig komplexen, sehr kurz präsentierten statischen visuellen Reizen. Im computerbasierten, sogenannten „inattention paradigm" (Mack & Rock, 1998, S. 6) wurde den VPs zunächst auf einem Bildschirm ein markierter Fixpunkt präsentiert, auf den sie ihren Blick richten sollen. Die Überwachungsaufgabe bestand darin, anzugeben, ob die horizontale oder vertikale Linie eines im Anschluss an den Fixpunkt kurzzeitig[4] präsentierten Kreuzes länger sei. Im vierten (kritischen) Trial (siehe Abbildung 1) dieser Aufgabe erschien gleichzeitig mit dem Kreuz ein unerwartetes Objekt, der „kritische Reiz" (Mack & Rock, 1998, S. 6). Anschließend wurden die VPs befragt, ob sie außer dem Kreuz noch etwas anderes gesehen hätten, was in vorherigen Trials nicht aufgetaucht war, und angehalten, den Reiz zu identifizieren[5]. Durch diese Sensibilisierung waren die VPs nun auf etwaige andere Reize vorbereitet. Beim nun folgenden „divided attention trial" (Mack & Rock, 1998, S. 8) sollte sowohl auf die Länge der Linien des Kreuzes als auch auf andere

---

[3] Der Begriff Perzeption wird von den Autoren gleichgesetzt mit „explicit conscious awareness" (Mack & Rock, 1998, S. 13).

[4] Die Präsentation des Kreuzes dauerte 200ms; innerhalb dieser Zeit ist es nicht möglich, Augenbewegungen durchzuführen. (Mack & Rock, 1998) Die VPs konnten also den Fokus ihres Blicks während des Trials nicht ändern.

[5] In einigen Durchgängen wurden Eigenschaften der unerwarteten Stimuli, z.B. Ort, Farbe, Anzahl, Bewegung, Form variiert, um zu untersuchen welche dieser Charakteristika auch ohne Aufmerksamkeit identifiziert werden konnten. Mack & Rock gingen davon aus, dass identifizierbare Charakteristika präattentiv verarbeitet würden (Mack & Rock, 1998).

(nun nicht mehr völlig unerwartete) Reize geachtet werden. Es folgte das abschließende „full attention control trial"(Mack & Rock, 1998, S. 8), bei dem die Anweisung lautete, das Kreuz zu ignorieren und nur auf andere Stimuli zu achten. In diesem Durchgang wurde der kritische Reiz zu 100% erfolgreich gesehen und korrekt identifiziert (Mack & Rock, 1998).

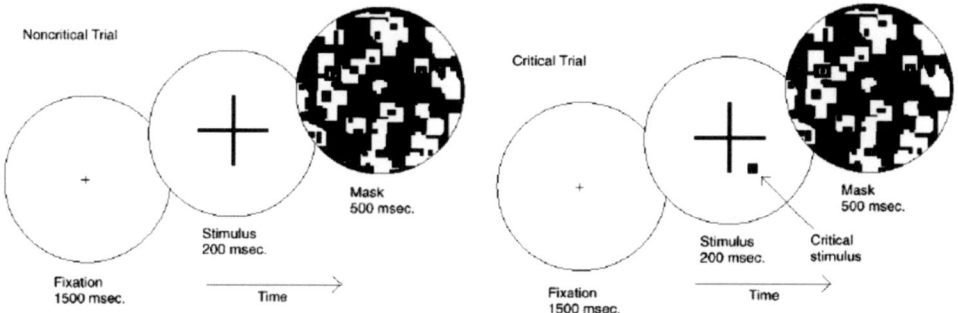

Abbildung 1: Veranschaulichung der unkritischen Trials (Trial 1-3) sowie kritischen Trials (Trial 4-6): Auf die Einblendung des zu Fixierenden Punktes folgen die experimentellen Stimuli sowie eine Maske, die die Verarbeitung der zuvor präsentierten Stimuli nach deren Ausblendung verhindern sollte. (Mack & Rock, 1998).

Am interessantesten erschien den Autoren der Vergleich der Fehlerraten bei der Identifikation der Stimuli im „inattention trial" (Mack & Rock, 1998, S. 9) und im „full attention control trial" (Mack & Rock, 1998, S. 8), welcher zeigen sollte, welchen Beitrag die Aufmerksamkeit zur Perzeption leistet. Die These lautete, dass sich eine signifikante Differenz der Fehlerwerte ergeben würde, falls die Aufmerksamkeit einen Beitrag zur Perzeption leiste, diese also nicht präattentiv stattfände. Es stellte sich heraus, dass etwa 75% der Beobachter die kritischen Reize erfolgreich wahrnehmen und identifizieren konnten. Überraschend für die Forscher, die nur erwogen hatten, dass die Aufmerksamkeit die Fähigkeit zur Identifikation bestimmter Charakteristika der Reize (Ort der Präsentation, Farbe, Form etc.) beeinflusse, nicht das Bemerken der Reize selbst, war die Tatsache, dass 25% der VPs in der Unaufmerksamkeitsbedingung die bloße Präsenz der kritischen Stimuli nicht wahrnahm. Hieraus und aus dem Fakt, dass unter Beteiligung der Aufmerksamkeit keine derartigen Wahrnehmungsstörungen vorlagen, folgerten Mack und Rock (1998), diese unerwartete Blindheit sei durch den Umstand bedingt, dass die Personen keine Aufmerksamkeit auf den Reiz, sondern stattdessen auf die gestellte Aufgabe gerichtet hatten. Es folgte die Prägung des Begriffs als „Inattentional blindness" (Mack & Rock, 1998, S. 12) und die Formulierung der neuen Hypothese „There is no perception without attention" (Mack & Rock, 1998, S. 13).

3.1.2 Resultate und Schlussfolgerungen

Aufgrund dieser neuen Hypothese, Aufmerksamkeit sei eine Voraussetzung für Wahrnehmung, entfällt die Möglichkeit anzunehmen, dass bestimmte Eigenschaften (wie etwa Ort, Farbe, Anzahl, Bewegung) der Reize präattentiv verarbeitet würden, so Mack & Rock (1998). An die Stelle dieser Annahme tritt die Folgerung, dass diese speziellen Eigenschaften die Aufmerksamkeit auf den Reiz lenkten. Hieraus ergeben sich weitere Fragen für die Forschung, etwa welche Art von Reizen die Aufmerksamkeit erregt und auf welcher Ebene der Verarbeitung Reize, bei denen dies nicht der Fall ist, selektiert werden. Einige diesbezügliche Schlussfolgerungen von Mack & Rock werden im Folgenden dargestellt.

3.1.2.1 Einflussfaktoren auf die Unaufmerksamkeitsblindheit: räumliche Anordnung, Bedeutsamkeit und Größe

Experimente, in denen die räumliche Anordnung der Stimuli variiert wurde, führten zu dem erstaunlichen Ergebnis, dass kritische Reize viel seltener wahrgenommen wurden, wenn sie am Fixierungspunkt präsentiert wurden, während das Kreuz an anderen (dezentralen) Stellen des Bildschirms erschien, wie in Abbildung 2 dargestellt. Hieraus schließen die Autoren, dass die Aufmerksamkeit auf einen bestimmten räumlichen Abschnitt aktiv unterdrückt werden kann, wenn die Aufgabe erfordert, sie auf einen anderen räumlichen Abschnitt zu lenken (Mack & Rock, 1998).

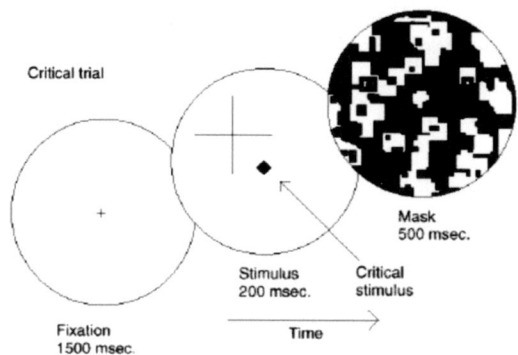

Abbildung 2: Variation der räumlichen Anordnung der Reize

Des Weiteren, so Mack & Rock (1998), können bestimmte komplexe Reize mit Signalwirkung diese Unterdrückung der Aufmerksamkeit überwinden. Solche bedeutsamen oder vertrauten kritische Stimuli wurden häufiger bemerkt. Hierbei wurden die Namen der Versuchspersonen oder ein stilisiertes lachendes Gesicht als kritische Reize verwendeten.

Derartige Stimuli lenken die Aufmerksamkeit auf sich und mindern die Blindheit durch Unaufmerksamkeit. Ähnliches gilt für die Größe der Objekte: Größere Objekte werden mit erhöhter Wahrscheinlichkeit registriert (Mack & Rock, 1998).

3.1.2.2 Selektionsprozesse der Wahrnehmung

Die Ergebnisse lassen Rückschlüsse auf das Stadium der Informationsverarbeitung zu, in dem eine Selektion der Reize stattfindet. Die Beobachtung, dass zwar bedeutsame Reize wie der eigene Name (z.B. „Jack"), jedoch nicht geringfügig veränderte Formen (z.B. „Jeck") bemerkt und identifiziert wurden, lässt vermuten, dass der Selektion ein großes Maß (unbewusster) Analyse vorausgeht. Die Folgerung von Mack & Rock (1998) lautet, dass auch Objekte, die nicht im Aufmerksamkeitsfokus liegen und nicht bewusst wahrgenommen werden, weiterverarbeitet werden. Neben den Reizen, auf die die Aufmerksamkeit freiwillig gerichtet wird, würden nur diejenigen Reize bewusst wahrgenommen, die in diesem Verarbeitungsprozess Aufmerksamkeit auf sich ziehen. Sie steht im Einklang mit der Theorie der späten Selektion von Deutsch & Deutsch (1963), die besagt, dass jegliche sensorische Information zunächst (unbewusst) analysiert werde und Filterung erst vor dem Speichern im Langzeitgedächtnis und dem Handeln erfolge. Nur ausreichend wichtige Reize würden demnach Aufmerksamkeit erlangen. Daraufhin würden sie gespeichert, ins Bewusstsein gelangen und motorische Reaktionen erregen. Wegen der Aktivierung dieser Prozesse seien Änderungen evozierter kortikaler Potentiale festzustellen, wenn einem Reiz Aufmerksamkeit zukomme (Deutsch & Deutsch, 1963, S. 87). Wie wichtig der jeweilige Reiz sein muss, um Aufmerksamkeit zu erlangen, hinge vom Grad der Erregung[6] der Person ab. Für die Selektion der Reize würden diese unter Beteiligung der Formatio reticularis des Hirnstamms mit einem (je nach Erregungslevel) variablen, vom Erregungsgrad abhängigen, Standard verglichen (Deutsch & Deutsch, 1963, S. 87).

Der Einfluss des Faktors Größe stützt eher die Theorien der frühen Selektion von Broadbent und Treisman. Ersterer führt die Filterung auf spezifische Eigenschaften der Reize zurück und erachtet sie wegen der limitierten Größe und Kapazität des Nervensystems, welche für eine simultane Verarbeitung aller Informationen nicht ausreiche, als notwendig (Broadbent, 1958). Auch Treisman setzt den Filter früh in der Verarbeitungssequenz an und geht von einer frühen Aussonderung bzw. Abschwächung unbedeutender Informationen aufgrund von physikalischen Eigenschaften der Reize aus, welche somit nicht in höhere Gehirnzentren vordringen (Treisman, nach Neisser 1975, S. 82f.)[7].

---

[6] Wörtlich "arousal" (Deutsch & Deutsch, 1963, S. 85); auch möglich ist eine Deutung als Wachheitsgrad.
[7] Da es nicht möglich war den Originaltext von Treisman aufzufinden und einzusehen wird auf die Sekundärliteratur verwiesen.

Aus dieser Inkonsistenz schließen Mack & Rock (1998), dass die Selektion ein nicht absolut auf ein bestimmtes Stadium der Verarbeitung festgelegter Prozess ist, sondern von der jeweiligen Art des Reizes abhängt.

3.2 Unaufmerksamkeitsblindheit bei länger andauernden, dynamischen Ereignissen

In einer späteren Untersuchung zur Perzeption unerwarteter Ereignisse, die in ihrem Aufbau eher an Experimente von Ulrich Neisser zur selektiven Aufmerksamkeit, genauer zum „selective looking" (Neisser, 1975, S. 72) anknüpfte, konzentrierten sich Daniel Simons und Christopher Chabris (1999) im Gegensatz zu Mack und Rock auf naturalistische, dynamische Ereignisse, um exakteres Wissen über die Variablen zu erlangen, die die Unaufmerksamkeitsblindheit beeinflussen. Diese Studie lässt eher Rückschlüsse auf natürliche aufmerksamkeitsbedingte Wahrnehmungsprozesse zu, da der Mensch im alltäglichen Lebenskontext kaum Reize nur für Sekundenbruchteile beachten muss und ebenso wenig ausschließlich bestimmte Orte im Sichtfeld starr fixiert. Neisser hatte bereits 1975 anhand überlappender Videoaufnahmen unterschiedlicher Ereignisse die Eigenheiten der simultanen Betrachtung von zwei Ereignissen studiert. Er entdeckte Schwierigkeiten der überwachenden Personen bei der exakten Wiedergabe von Details dieser Videos beim gleichzeitigen Überwachen beider Aufnahmen, sowie Blindheit gegenüber Vorkommnissen in der ignorierten Aufnahme, sofern eine Überwachungsaufgabe die Aufmerksamkeit auf die andere lenkte (Neisser, 1975).

3.2.1 Fragestellungen

Das Hauptaugenmerk von Simons und Chabris (1999) bezog sich auf die Fragen, inwiefern die Ähnlichkeit der unerwarteten und überwachten Ereignisse, der Schwierigkeitsgrad der Überwachungsaufgabe sowie die Seltsamkeit unerwarteter Vorkommnisse im Kontext des Ereignisses die Unaufmerksamkeitsblindheit beeinflussten. Außerdem sollte der Einfluss des unnatürlichen, halbtransparenten Seheindrucks, der durch die Überlagerung der Videoaufnahmen entsteht, untersucht werden.

3.2.2 Aufbau der Studie von Simons und Chabris 1999

Als Material dienten vier Videos à 75 Sekunden, die je zwei Basketballteams (schwarz und weiß gekleidet) zeigten, die einander einen Ball zupassten. Als unerwartetes Ereignis durchquerte währenddessen entweder eine Frau mit aufgespanntem Regenschirm oder mit Gorillakostüm für fünf Sekunden die Szene. Für je zwei der Videos wurden die Teams gemeinsam aufgezeichnet, um einen natürlichen Seheffekt zu erzeugen bzw. separat gefilmt, wobei die separaten Aufnahmen nachträglich übereinander gelegt wurden, sodass ein transparenter Seheindruck wie bei Neisser entstand, was in Abbildung 3 deutlich wird.

Abbildung 3: Die vier Videobedingungen, die sich aus der Kombination der Varianten des Aufzeichnungsstils und des unerwarteten Ereignisses ergeben: transparent & Regenschirm, transparent & Gorilla, natürlich & Regenschirm, natürlich & Gorilla. (Simons & Chabris, 1999)

Die Überwachungsaufgabe bestand im Zählen der Pässe eines der beiden Teams, wobei in der schwierigen Bedingung Bodenpässe und normale Pässe getrennt gezählt werden sollten. Insgesamt ergaben sich aus den Kombinationen der vier Videos sowie der vier Überwachungsaufgaben (einfach/Team weiß, einfach/Team schwarz, schwierig/Team weiß, schwierig/Team schwarz) 16 experimentelle Bedingungen, von denen jede VP genau eine durchlief. In einer nachfolgenden, unerwarteten Befragung wurde festgestellt, ob diese das jeweilige unerwartete Ereignis gesehen hatte (Simons & Chabris, 1999).

3.2.3 Resultate und Schlussfolgerungen

Insgesamt registrierten 46% der VPs das jeweilige unerwartete Ereignis nicht und zeigten somit Blindheit durch Unaufmerksamkeit. Dieses Resultat erweitert die vorhergegangenen Erkenntnisse von Mack und Rock um die Tatsache, dass das die Wahrnehmungsstörung auch bei länger andauernden Reizen und in lebensnäheren Situationen auftreten kann. Die Autoren zogen folgende Rückschlüsse bezüglich der Variablen, die die Unaufmerksamkeitsblindheit beeinflussen (Simons & Chabris, 1999):

- Das Phänomen trat erwartungsgemäß häufiger bei den transparenten, jedoch auch (bei 33% der VPs) bei Betrachtung der natürlichen Videoaufzeichnungen auf, was nahelegt dass es nicht nur ein Artefakt der Methode und des unnatürlichen, halbdurchsichtigen Seheindrucks ist, dieser jedoch Einfluss darauf ausübt.
- Es herrscht eine Abhängigkeit von der Schwierigkeit der Aufgabe, da mit steigendem Anspruch derselben der Grad der gebundenen Aufmerksamkeit steigt.

- Betrachtet man die Differenzen bei der Registrierung der beiden unerwarteten Ereignisse, so stellt man fest, dass die Frau mit dem Gorillakostüm seltener gesehen wurde als die mit dem Regenschirm. Simons & Chabris (1999) vermuten, dass zweitere visuell auffälliger war, eher den Erwartungen der Versuchspersonen bezüglich den Ereignissen, die sich während eines Basketballspiels zutragen, entsprach und/oder sich besser in den Bedeutungskontext des Spiels einfügte und dass diese Faktoren die Aufmerksamkeit der Versuchspersonen beeinflussten.
- Auffällig ist des Weiteren, dass der (schwarze) Gorilla sehr viel häufiger von den VPs bemerkt wurde, die das schwarze Team überwachten, was nahelegt, dass Ähnlichkeit der unerwarteten Ereignisse zu den aufmerksam verfolgten die Unaufmerksamkeitsblindheit schmälert. Der Begriff Ähnlichkeit bedeutet, dass beide bestimmte optische Eigenschaften, wie etwa die Farbe, teilen.
- Macks und Rocks Erkenntnis, dass die Aufmerksamkeit nicht auf einen bestimmten räumlichen Abschnitt konzentriert wird (Mack & Rock, 1998), wird insofern gestützt, dass die unerwarteten Personen bisweilen den Weg des Basketballs kreuzten und dennoch nicht wahrgenommen wurden.

Konsistent mit den vorherigen Studien stützt auch dieses Experiment die These, dass ohne Aufmerksamkeit keine bewusste Wahrnehmung stattfindet, obwohl sich die beiden dargestellten experimentellen Ansätze wesentlich unterscheiden. Denkbar als Erklärung des Phänomens erscheint allerdings auch die Annahme, dass das aktive Ignorieren der nicht zu überwachenden Reize (im Experiment also das Ignorieren des anderen Teams) die Perzeption des Unerwarteten unterdrücken könnte (Simons & Chabris, 1999).

4   Kritik an der Theorie der Blindheit durch Unaufmerksamkeit

Eine kritische Haltung bezüglich der Erklärung der Wahrnehmungsstörung durch einen Mangel an Aufmerksamkeit nimmt Wolfe (1999) ein, der argumentiert, dass die Unfähigkeit, das Auftauchen unerwarteter Reize nach deren Entfernung zu berichten, nicht gleichzusetzen sei mit der Unfähigkeit, diese zu sehen. Er folgert, dass die Reize zwar gesehen, aber nicht erinnert werden könnten und stellt die Hypothese auf, dass „inattentional amnesia" (Wolfe, 1999, S. 75) nicht „inattentional blindness" (Wolfe, 1999, S. 72) für den Effekt verantwortlich sei und dass Stimuli, denen keine Aufmerksamkeit zukommt, zwar gesehen, aber sofort vergessen würden, da die visuelle Repräsentation keinerlei Gedächtnis habe. Diese Annahme erscheint jedoch wenig plausibel, wenn man sich vor Augen führt wie sinnvoll die von Wolfe angenommene Fähigkeit, unübliche Objekte zu entdecken, für das menschliche visuelle System wäre, und dass dieser Sinngehalt der Funktion durch das sofortige Vergessen zunichte gemacht würde (Simons & Chabris, 1999). Des Weiteren steht Wolfes Erklärung die von Simons & Chabris (1999) erwähnte Tatsache entgegen, dass

Personen, die die unerwarteten Ereignisse nicht berichteten, beim wiederholten Vorspielen des Videos keinerlei Erinnerung an diese, sondern vielmehr ein enormes Maß an Erstaunen zeigten. Dies legt nahe, dass diese tatsächlich zuvor nicht bewusst gesehen wurden. Ein weiteres Argument gegen Wolfes These besteht in der Tatsache, dass die Befragung der VPs sofort nach dem Betrachten der Reize erfolgt, was ein unmittelbares Vergessen unwahrscheinlich erscheinen lässt (Simons & Chabris, 1999). Nichtsdestotrotz ist es methodologisch schwierig, einen experimentellen Weg zu finden, Wolfes Alternativerklärung mit Sicherheit auszuschließen.

5 Blindheit durch Unaufmerksamkeit: Nutzen oder lästiges Übel?

In der vorhergegangenen Darstellung des Themas blieb die Frage unbeantwortet, inwiefern es sich bei der erörterten Beschränkung der bewussten Wahrnehmung um eine sinnvolle oder eher störende biologische Funktion des menschlichen Organismus handelt. Die Tatsache, dass die Wahrscheinlichkeit, unerwartete unübliche Objekte zu bemerken, je stärker der Aufmerksamkeitsfokus auf anderes gerichtet ist, sinkt, da diese unerwarteten Objekte durch Selektionsprozesse nicht ins Bewusstsein vordringen, erscheint zunächst hinderlich: Dies wäre in Situationen der Fall, in denen solche unerwartete, jedoch eigentlich wichtige Objekte, die eine Reaktion des Betrachters fordern würden, als irrelevant selektiert werden und nicht in dessen Bewusstsein gelangen. Wie Mack und Rock (1999) jedoch gezeigt haben, gelangen bedeutsame Reize leichter ins Bewusstsein und werden mit höherer Wahrscheinlichkeit wahrgenommen, wodurch die Häufigkeit solcher Situationen minimiert werden sollte. Ein eindeutiger Nutzen ergibt sich, indem die Blindheit durch Unaufmerksamkeit bei Aufgaben, die Konzentration auf bestimmte bedeutsame Aspekte fordern, eine Ablenkung durch irrelevante Reize verhindert, da diese selektiert werden. Somit offenbart sich bei genauerer Betrachtung des zunächst erstaunlichen, womöglich sogar schockierend erscheinenden Phänomens, welches Zweifel an der Eignung unseres sensorischen Systems aufkommen lässt, dessen positiver Wert.

6 Zusammenfassung

Die These, dass das Phänomen der durch oben beschriebene Experimente stimulierten Blindheit darauf zurückzuführen ist, dass die nicht gesehenen Reize keine Aufmerksamkeit erlangten, also dass ohne Aufmerksamkeit keine Wahrnehmung stattfinden könne, wird durch die empirischen Befunde gestützt. Diese erlauben weiterhin Einsicht in die Eigenheiten des Phänomens, und legen offen, dass die Manipulation bestimmter Faktoren – in Bezug auf die Reize (Bedeutsamkeit, Größe, Ort der Präsentation, Ähnlichkeit zu beachteten Reizen) und in Bezug auf die Beobachtungssituation (Vorhandensein aufmerksamkeitsbeanspruchender Aufgaben und deren Schwierigkeit, Natürlichkeit des Seheindrucks) – seine Auftrittswahrscheinlichkeit beeinflussen kann.

7   Literatur

Broadbent, D. E. (1958). *Perception and communication.* London: Pergamon Press.

Deutsch, J. & Deutsch, D. (1963). Attention: Some theoretical consideration. *Psychological Review, 70,* 80-90.

Mack A. & Rock I. (1998) *Inattentional Blindness.* Cambridge, MA: MIT Press

Myers, D.G. (2008). *Psychologie* (2. Auflage). Heidelberg: Springer Medizin Verlag.

Neisser, U. (1975). *Cognition and Reality. Principles and implications of cognitive psychology.* San Francisco: Freeman.

Simons, D.J., & Chabris, C.F. (1999). Gorillas in our midst: Sustained inattentional blindness for dynamic events. *Perception, 28,* 1059–1074.

Wolfe, J. M. (1999). Inattentional amnesia. In V. Coltheart (Ed.), *Fleeting Memories* (pp.71-94). Cambridge, MA: MIT Press.